PAM MUÑOZ RYAN

Nuestra California

ILUSTRADO POR
RAFAEL LÓPEZ

Traducción de Yanitzia Canetti

Charlesbridge

¡Bienvenidos a California!

Valles, montañas, desiertos y costas disfrutarán.
¿Cuál será la región que más les gustará?

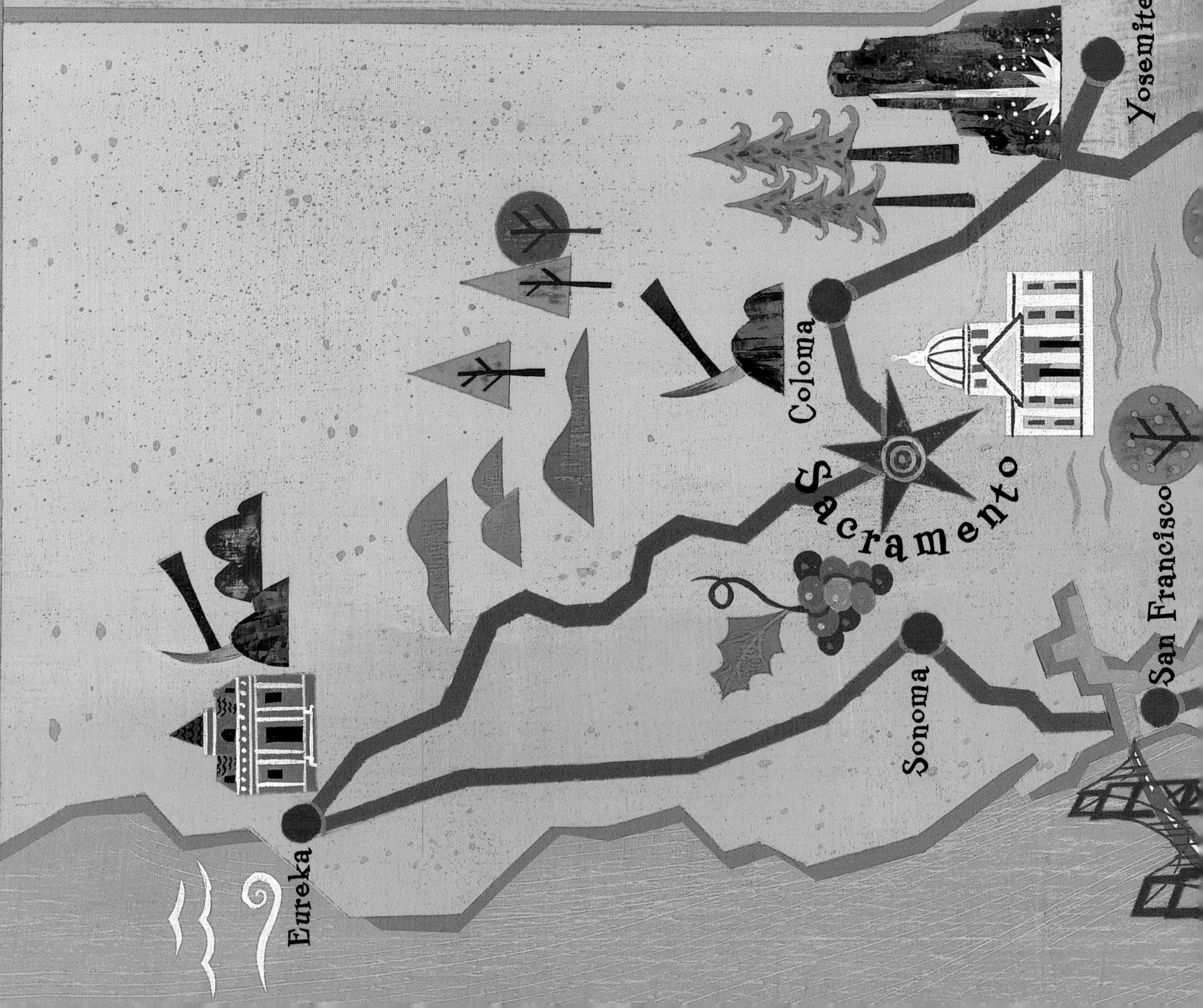

N

Yosemite

Coloma

Sacramento

San Francisco

Sonoma

Eureka

VALLE DE LA MUERTE

Palm Springs

VALLE GRANDE

San Juan Capistrano

San Diego

Los Ángeles

Monterey

ISLAS CANAL

Comenzamos al sur de esta tierra hermosa,
en el cálido **San Diego,** de vistas maravillosas.
En esta ciudad costera hay mucho que disfrutar:
el zoológico, hacer surfing, tomar sol y nadar.

En **San Juan Capistrano** verás cosas sorprendentes
en la villa a la que vuelan golondrinas anualmente.
Junípero Serra a este lugar llegó.
y con un poco de arcilla una misión construyó.

Luego está **Los Ángeles**
   y su Hollywood fabuloso.
Puedes ir a los lugares donde actúan los famosos.
En esta ciudad divina todo llama la atención:
minas de alquitrán, museos y abundante diversión.

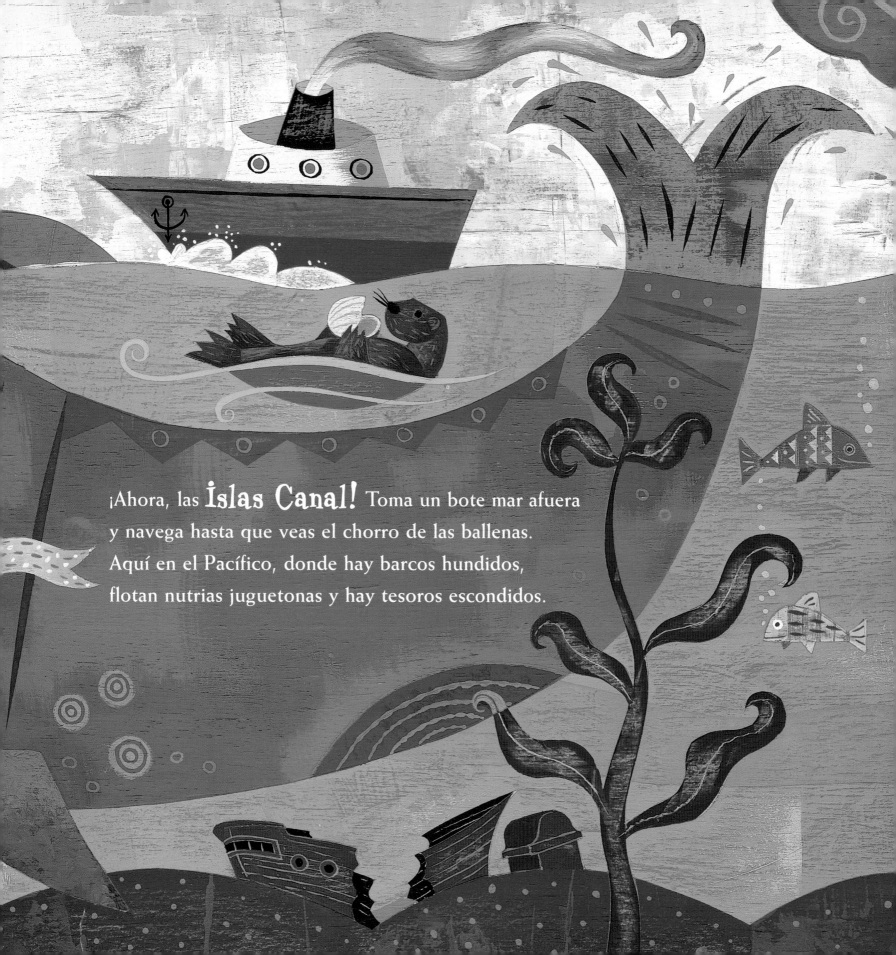

¡Ahora, las **Islas Canal!** Toma un bote mar afuera
y navega hasta que veas el chorro de las ballenas.
Aquí en el Pacífico, donde hay barcos hundidos,
flotan nutrias juguetonas y hay tesoros escondidos.

Si viajas al norte, a **Monterey** llegarás
y una bahía rodeada de rocas hallarás.
Hace años en el mar, ¡cuántas sardinas había!
Se vendía en Cannery Row toda la pesca del día.

En "La Ciudad", **San Francisco,** para un momento.

En la mañana hay neblina; la lluvia acompaña al viento.

Loma arriba y loma abajo, van tranvías velozmente.

Y en el Barrio Chino almuerzan los turistas diariamente.

Cierta vez en **Sonoma,** muchos se rebelaron
y una república libre ellos allí proclamaron.
Tenía una franja, una estrella y un oso la bandera,
que hicieron para que ondeara orgullosa dondequiera.

Este estado tiene un lema que viene de tradición.
Si alguien encontraba oro, lo gritaba a todo pulmón.
—¡Eureka! —así exclamaba con jubilosa emoción.
Y por eso lleva ese nombre un pueblo de la región.

Veo la cúpula del capitolio. Hola, **Sacramento.**
Hogar del gobernador y un hermoso asentamiento.
Hace tiempo el Pony Express traía la correspondencia
desde el correo de Missouri, con enorme diligencia.

Aquí en **Coloma,** según dicen que ocurrió,
James W. Marshall oro puro descubrió.
Cuarenta mineros vinieron, cada colina cavaron,
y en cada riachuelo de Sutter's Mill buscaron.

Ahora al este, a **Yosemite**, de secoyas abundante,
donde emergen de la tierra, los monolitos gigantes.
Los glaciares esculpieron hace tiempo esta región.
Hoy las vistas de este valle cortan la respiración.

He aquí el **Valle Grande,** cultivado con tesón,
cuyos campos y huertas alimentan la nación.
Agua requiere esta tierra donde todo se cultiva.
Canales y represas la mantienen siempre viva.

Es el **Valle de la Muerte,** desierto salino y arenoso.
Van rodando plantas secas por sus suelos calurosos.
Aquí está Furnace Creek, suelo hirviente hasta el sudor.
¡Más de 120 grados! ¿Ya te empezó a dar calor?

Y luego, **Palm Springs,** al final del recorrido,
donde darse un chapuzón resultará divertido.
Después de un viaje tan largo, aquí podrás descansar.
¡Las maravillas que has visto nunca vayas a olvidar!

Muchos historiadores piensan que el nombre de California proviene de un romántico cuento titulado "Las Sergas de Esplandián", de Garcí Ordóñez de Montalvo, publicado en 1510. Este cuento trata acerca de una isla imaginaria repleta de tesoros llamada California, no lejos del "Paraíso Terrenal", que estaba gobernada por la reina Calafia. Cuando los exploradores españoles descubrieron la costa del Pacífico al norte de México, en las décadas de 1530 ó 1540, la llamaron California inspirados en la isla del cuento.

Bandera estatal de California

Insecto estatal de California
Mariposa dogface

Escudo estatal de California

Animal estatal de California
Oso pardo

Flor estatal de California
Amapola dorada

Mineral estatal
de California
Oro

Ave estatal de California
Codorniz

Árbol estatal de California
Gran secoya

Mamífero marino del
estatal de California
Ballena gris

San Diego

* Hace miles de años, los cazadores asiáticos emigraron a América del Norte a través de lo que hoy es Alaska. Sus descendientes, los primeros californianos, fueron luego conocidos como indígenas americanos.

* En el siglo XVI, Juan Rodríguez Cabrillo desembarcó en San Diego y proclamó esta región para España. Más tarde se convirtió en el lugar del primer asentamiento de la Costa Oeste, en Presidio Hill. Hoy en día, esta área ha sido restaurada como un parque estatal, Old Town State Park.

* Los eucaliptos, árboles originarios de Australia, fueron plantados en San Diego en la década de 1860, por su madera dura y su aceite. Ahora son un rasgo distintivo del paisaje de San Diego.

* Muchas embarcaciones se han detenido en la bahía de San Diego por más de 400 años. Hoy le da hogar a uno de los puertos de la Marina de Estados Unidos.

* La clásica montaña rusa de madera, Giant Dipper Roller Coaster, en Mission Beach, es un Monumento Histórico Nacional.

* La Flor de Nochebuena crece en Paul Ecke Poinsettia Ranch, en Encinitas, al norte de San Diego. Desde allí es distribuida a todas partes de la nación.

San Juan Capistrano

* En 1789, España envió misioneros a California para establecer iglesias y colonizar a los indígenas americanos. Junípero Serra, un sacerdote español, es conocido como "el Padre de California". Él fundó nueve de las veintiuna misiones que se extienden desde San Diego hasta Sonoma, incluida San Juan Capistrano. "Una jornada de un día a pie" separa una misión de la otra a lo largo de El Camino Real. Esta ruta sigue aún señalizada por el símbolo del cayado y la campana de aquellas misiones.

* Los indígenas shoshoni que vivían aquí fueron renombrados "juaneños" por los misioneros. Los productos de su misión eran piel curtida, velas y jabón.

* Las golondrinas de Capistrano emigran cada año alrededor del 23 de octubre y regresan la próxima primavera, alrededor del 19 de marzo.

* San Juan Capistrano, en Orange County, estuvo alguna vez rodeado de cítricos. Hoy la mayor parte de esta área son urbanizaciones.

Los Ángeles

* Tras arribar a San Diego, Cabrillo continuó su viaje y divisó San Pedro, la actual bahía de Los Ángeles. Al ver el humo de las fogatas de muchas aldeas de indígenas americanos, decidió nombrarla "Bahía de los Fumos".

* En 1781, cuarenta y cuatro colonos mexicanos fundaron el Pueblo de Nuestra Señora la Reina de Los Ángeles de Porciúncula. Ahora se le llama simplemente Los Ángeles.

* Las minas de La Brea son ciénagas de petróleo y alquitrán que atraparon a muchos animales prehistóricos en esta área. Se han descubierto miles de fósiles en la ciénagas de alquitrán, que incluye al tigre dientes de sable, el fósil estatal.

* Desde 1890, el Desfile de las Rosas es un evento anual en Pasadena para celebrar el Año Nuevo. Incluye carrozas elaboradas y decoradas con flores.

* El Parque Griffith, sede del Observatorio Griffith, es el parque urbano más grande de California.

* El condor de California, que está en peligro de extinción, vive a lo largo de la cordillera de la costa, desde el condado de Monterey hasta el condado de Los Ángeles.

Islas Canal

* Las Islas Canal se extienden por la costa de California desde Santa Bárbara hasta el área de San Clemente. El escritor Scott O'Dell escribió acerca de la isla de San Nicolás en su famosa novela *La isla de los delfines azules.*

* Los piratas solían visitar las Islas Canal. En el fondo del mar se encuentran varios restos de naufragios. Algunas personas piensan que todavía hay algún tesoro sumergido. Muchos buzos aún lo buscan cerca de estas islas.

* Las aguas que rodean estas islas estuvieron alguna vez llenas de nutrias marinas. Los cazadores de pieles las atraparon hasta casi extinguirlas. Hoy en día, los biólogos han traído nutrias de nuevo a las islas. Se espera que éste vuelva a ser el hogar de las nutrias marinas.

* Los indígenas chumash de esta área fueron conocidos y respetados por sus destrezas en la construcción de canoas. Sus tomols estaban hechos con tablas de madera que se ataban y enmasillaban con alquitrán. Estas canoas, que pintaban de rojo, eran suficientemente fuertes para navegar por las aguas del Océano Pacífico.

Monterey

* Uno de los primeros colonos españoles que llegó a Monterey fue Gaspar de Pórtola, quien es considerado el fundador de la ciudad.
* Cerca de 1777, Monterey se convirtió en la capital de California y así permaneció durante el mandato de España y el de México.
* Cuando las sardinas eran abundantes, los pescadores traían la pesca del día a las envasadoras del muelle de Monterey. Hoy en día, éste es el lugar donde está el Acuario de Monterey.
* El abalón, un molusco que se adhiere a las rocas, vive a lo largo de la costa de California y es apreciado por su carne y su concha. Las conchas son de un material llamado madre perla.
* Durante su migración anual, cientos de mariposas monarcas se detienen en los pinos de Pacific Grove, ¡y los árboles parecen florecer con las mariposas!
* Monterey Jack fue el primer queso originario de California. Debe su nombre a David Jacks, que fue la primera persona que lo produjo cerca de Monterey.
* La alcachofa fue traída a California por los italianos. El Valle de Salinas es el mayor productor de este vegetal en Estados Unidos. Los repollos de Bruselas crecen también en este clima parecido al del Mediterráneo.

San Francisco

* Antes de ser renombrado en 1847, San Francisco se llamaba Yerba Buena, debido a la menta silvestre que allí crecía.
* Los tranvías de San Francisco son símbolos históricos estatales. ¡Son los únicos que quedan en el mundo!
* "Mark Twain", que significa "dos brazas", fue un término que Samuel Clemens solía usar mientras trabajaba en las embarcaciones del río Mississippi. Clemens, quien luego usó Mark Twain como seudónimo, escribió muchos cuentos sobre California y el Oeste.
* En 1906, un terremoto y un incendio destruyeron gran parte de San Francisco, pero con el tiempo sus habitantes reconstruyeron la ciudad.
* El fénix, un ave mítica que renació de sus cenizas, es el símbolo de San Francisco.
* En 1852, Domingo Ghirardelli comenzó a hacer chocolate en San Francisco, y tú aún puedes ver cómo se hace en Ghirardelli Square.
* El puente Golden Gate de San Francisco mide casi dos millas de largo. El equipo de mantenimiento lo pinta continuamente y usa 10,000 galones de pintura naranja cada año.

Sonoma

* La tierra que llamamos California ha sido reclamada por muchas personas: los indígenas americanos, los españoles, los mexicanos y los colonos americanos.
* El "Destino Manifiesto" fue una frase periodística usada originalmente en los años 1840. Significaba que Estados Unidos debía reclamar la tierra desde el Océano Atlántico hasta el Océano Pacífico. Esta idea originó debates entre Estados Unidos y México acerca de quién era el dueño de California.
* En 1846, unos colonos americanos tomaron pacíficamente el fuerte de Sonoma del general Mariano Vallejo. Portaban una bandera artesanal que representaba un oso pardo como símbolo de fortaleza, y proclamaron California como una nueva república. Este hecho fue conocido como la Revuelta de la Bandera del Oso.
* Desde mediados del siglo XIX, el Valle de Sonoma y el Valle de Napa han sido líderes en la producción de vino, o vinicultura.
* El águila dorada y el águila calva son oriundas de California. Alguna vez hubo tantas águilas en California que más de veinte lugares fueron nombrados en su honor.
* Los miwok costeños, habitantes originales del área de Sonoma, hacían sus casas con estructuras de sauce y techos de paja.

Eureka

* Eureka significa "¡Lo encontré!" en griego clásico.
* Eureka fue fundada en 1850 como un pequeño pueblo minero. Más tarde se convirtió en un centro maderero y de pescadería.
* En la Bahía de Humboldt puedes hallar pez roca, cangrejo Dungeness, salmón, camarones y ostras.
* En el siglo XIX, William Carson, un barón maderero, construyó una enorme casa con una arquitectura singular. Hoy muchas casas en el área de Eureka se construyen o preservan con el mismo estilo victoriano de la mansión de William Carson.
* El Parque Nacional Secoya, es el hogar de las secoyas de California. Algunas tienen más de 1000 años y pesan 500 toneladas. Aunque son los árboles más altos del mundo, sus piñas, que contienen hasta sesenta semillas, pueden caber en una cuchara.
* Muchas tribus americanas reverenciaban al oso pardo. Una de las tribus de esta área, los hupa, creía que los espíritus de las abuelas vivían dentro de los osos pardos. Por esta razón nunca los mataban. Debido a la cacería y captura por parte de otros grupos, el oso pardo es considerado extinto en California.

Sacramento

* Sacramento es la capital de California. El edificio del capitolio está rodeado por 800 árboles y arbustos provenientes de todo el mundo.

* En Sacramento también florecen las delicadas camelias, y hace que esta ciudad clame ser la capital de la camelia en el mundo.

* Sacramento está localizada donde se unen los ríos Americano y Sacramento. El delta del río Sacramento es una planicie triangular que se ha creado con los depósitos de tierra y arena de los ríos. Este delta está lleno de canales, ciénagas de manglares, pantanos y turberas: ¡el lugar ideal para el cultivo!

* A principios de la década de 1860, antes de los teléfonos, telégrafos y ferrocarriles, la gente de California se comunicaba con el resto del país a través del Pony Express. Los jinetes llevaban los mensajes desde el Este hasta Sacramento, la terminal de la Costa Oeste.

* A finales del siglo XIX, Theodore Judah tenía la esperanza de conectar el país con un ferrocarril transcontinental. Fue él quien promovió la Compañía de Ferrocarriles del Pacífico Central, que comenzó construyendo los rieles desde Sacramento hacia el Este.

Coloma

* James W. Marshall y John Sutter comenzaron juntos un negocio para construir un aserradero en 1847. John Sutter suministró la tierra y el dinero, mientras que James Marshall se hizo cargo de construir la fábrica. En 1848, antes de finalizar el aserradero, James Marshall descubrió oro en un emplazamiento de la construcción. Hacia 1849, miles de buscadores de oro llegaron a California para hacer fortuna. Comenzaron a proliferar los pueblos mineros al pie de las elevaciones montañosas, como Oroville, Rough and Ready, Gold Run, El Dorado y Fiddletown.

* Mucha gente hizo dinero vendiendo bienes durante la quimera del oro. En una fábrica de San Francisco, Levi Strauss confeccionó gruesos y funcionales pantalones de mezclilla. Reforzaba las costuras con remaches de cobre y se los vendía a los mineros y campesinos. Hoy en día aún son conocidos como vaqueros Levi's®.

* El banjo y la armónica fueron instrumentos musicales muy populares durante la quimera del oro. Eran fáciles de llevar consigo, y brindaban música y alegría a las vidas solitarias y difíciles de algunos buscadores de oro.

Yosemite

* El valle de Yosemite, ubicado en las montañas de Sierra Nevada, es conocido por sus acantilados de piedra y sus cascadas. ¡Hay más cascadas en Yosemite que en ningún otro lugar del mundo!

* Un monolito es un bloque individual de piedra, sorprendentemente grande. En Yosemite hay monolitos que son del tamaño de las montañas. Algunas de estas majestuosas formaciones rocosas son Half Dome, Three Brothers, El Capitán y Cathedral Rocks.

* John Muir, un naturalista a quien le encantaba la belleza de los espacios al aire libre, se dedicó a proteger los recursos naturales de Yosemite.

* ¿Has escuchado alguna vez acerca del valle Hetch Hetchy? Era otro hermoso valle de Yosemite, pero no pudo ser protegido de las construcciones. Allí se construyó una represa y el valle está ahora bajo el agua. Se convirtió en una reserva que provee agua a San Francisco.

* Yosemite es el hogar del oso negro americano, del arrendajo de Steller y de abundantes ciervos mula.

* Los paiutes del lago Mono, una tribu del área de Yosemite, son conocidos por las complejas y hermosas cestas que elaboran.

Valle Grande

* Valle Grande, conocido en inglés como Great Central Valley, es la primera región de California dedicada a la agricultura y a la ganadería. Aunque ha sido llamada la tierra de labranza más fértil del mundo, hay muy poca agua natural aquí. El acueducto de California, una serie de reservas, bombas de agua y canales de cemento, conduce el agua por más de 400 millas desde el delta del río Sacramento a ésta y otras área secas.

* Después de trabajar como campesino en Valle Grande, César Chávez creó la Unión Nacional de Campesinos. Él trabajó en la organización y luchó por mejorar las condiciones de trabajo de los campesinos.

* Una vez, aproximadamente cincuenta tribus de indígenas yokut ocuparon el Valle Grande. Un alimento básico de su dieta, la bellota, se recogía de los robles, se almacenaba, se le quitaba la cáscara y se usaba luego para hacer la harina para un tipo de pudín.

* El petróleo es uno de los más importantes recursos e industrias de California, especialmente en el Valle de San Joaquín. Si miras hacia el valle, verás muchas torres de perforación y bombas de petróleo.

Valle de la Muerte

* El Valle de la Muerte es el lugar más caluroso y seco de América del Norte. Sólo caen cerca de 1½ pulgadas de lluvia al año.

* Aquí puedes parar en Badwater, el punto más bajo del hemisferio occidental, a 282 pies bajo el nivel del mar. En la distancia, puedes ver el Monte Whitney, el punto más alto de Estados Unidos continental, a 14 494 pies sobre el nivel del mar.

* El bórax, un mineral que se extrae de las minas del Valle de la Muerte, es un tipo de sal que se usa para hacer muchos productos, como el detergente. Hace años, el bórax era extraído y luego trasladado por veinte equipos de mulas hasta la estación de ferrocarril de Mojave.

* Los espinosos cactus de pera son comunes en California. Existen muchas variedades, como el Beavertail, el Bunny Ears y el Teddy Bear. Algunos tienen "peras" comestibles.

* Los árboles Joshua son plantas de yuca gigantes que pueden crecer hasta cincuenta pies de alto. Tienen ramas gruesas y curvas con escasas hojas y gigantes flores que parecen de cera. El Monumento Nacional del Árbol Joshua, al este de Palm Springs, es un área protegida que se destaca por estos inusuales árboles.

Palm Springs

* Palm Springs, ubicada en el Desierto Colorado de California, es una ciudad vacacional para golfistas y personas a quienes les gustan los inviernos cálidos.

* ¿Alguna vez has sentido un terremoto? Los terremotos ocurren algunas veces a lo largo de la Falla de San Andrés. Esta zona de fallas se extiende desde México, a través de California, cerca de Palm Springs, y más allá de Punta Gorda, al norte de California. Algunos terremotos son fuertes, pero la mayoría son pequeños y casi no se sienten.

* Como molinos de viento modernos, hay más de 4000 turbinas de viento que generan electricidad cerca de Palm Springs.

* El pueblo de Indio es la sede de la celebración anual del Festival Nacional del Dátil, que se destaca por la exótica fruta de las palmeras de dátiles. Este evento se caracteriza además por las carreras de camellos y de avestruces.

* Los indígenas cahuilla vivían en esta área desértica, y se adaptaron a un ambiente escaso. En vez de vivir de bellotas y peces, que no eran abundantes, los cahuilla vivían de semillas, plantas y la caza. Las mujeres cahuilla hacían té a partir de vainas de mesquite y a veces las almacenaban en una olla.

A mi maravilloso padre, Don Bell. Gracias a Michele Horner y a Pat Ward por su ayuda en la investigación para este libro.—P. M. R.

Para mi hijo Santiago, cuyos garabatos son como mapas que guardan el secreto de nuevas aventuras—R. L.

Published by Charlesbridge
85 Main Street, Watertown, MA 02472
(617) 926-0329
www.charlesbridge.com

Library of Congress Cataloging-in-Publication Data
Ryan, Pam Muñoz.
   [Our California Spanish]
   Nuestra California / Pam Muñoz Ryan ; ilustrado por Rafael López ; traducido por Yanitzia Canetti.
      p. cm.
   ISBN 978-1-58089-226-1 (reinforced for library use)
   ISBN 978-1-58089-227-8 (softcover)
1. California—Juvenile literature. 2. California—History,
Local—Juvenile literature. 3. Cities and towns—California—Juvenile literature.
4. Spanish language—Rhyme—Juvenile literature. I. López, Rafael, 1961– II. Title.
F861.3.R9418 2008
979.4—dc22   2007014654

Printed in Singapore
(hc) 10 9 8 7 6 5 4 3 2 1
(sc) 10 9 8 7 6 5 4 3 2 1

Illustrations painted in acrylics from Mexico and Liquitex Acrylics on grained wood.
   Additional textures made by scraping and distressing the paint.
Display type set in Couchlover designed by Chank Diesel
Text type set in Weiss
Color transparencies by Gamma One, New York
Color separations by Chroma Graphics, Singapore
Printed and bound by Imago
Production supervision by Brian G. Walker
Designed by Susan Mallory Sherman